FELIX VON SAAR

LIBIDO

© 2023 Felix von Saar
Herstellung und Verlag: BoD – Books
on Demand, Norderstedt
ISBN: 9783739242309

Vorwort

Dieses Buch ist eine polarisierende Abspaltung der letzten Anthologie „Gedichte". Sie befasst sich einzig und allein mit dem Bereich Libido. Dieses Thema ist sowohl provozierend als auch inspirierend und für Freunde der erotischen Schreibkunst durchaus unterhaltsam. Sicher haben Sie sich ganz bewusst für das lesen dieses Buches entschieden. Vielleicht ist es auch pure Neugierde die zweideutige Seite moderner Lyrik zu entdecken, die in unserer heutigen Zeit mehr Akzeptanz findet als zur Zeit der traditionellen großen Dichter und Denker.

Ohne Frage ist die Libido teil eines jeden Menschen, nur der Umgang mit Ihr wird immer anders zelebriert. Manche sind sehr offen, manche sehr verschlossen und schüchtern gar. Die Erotik ist vielseitig und facettenreich, wie die Lyrik die sich Ihnen hier in diesem Buch offenbaren wird. Ich wünsche Ihnen viel Freude beim lesen.

Inhaltsverzeichnis

Vorwort..................5
Libido...................9
   Natur..................11
   Dolistraße.............13
   Tagtraum..............15
   Fastfood...............16
   Plüsch.................19
   Krankenschwester....20
   Sploshing..............22
   Triebe.................24
   Kamasutra............26
   Polygamie.............28
   Klavier................31
   Konzert...............32
   Dreier.................35
Autobiografie............37
Bildnachweis 43

Natur

Die Rose zart und samtig weich;
Sie dich verführt ins Sinnenreich.
Wie Morgentau der Sonne scheut;
Berühre sie ganz unbereut.

Ein leichter Windzug haucht ins Ohr;
Ein Ast am Baum ragt stolz hervor.
Das Gras frisch gemäht, kurz und glatt;
Nun glänzt auch goldhell was vorher matt.

Das Sonnenlicht den Knospen schmeichelt;
Berührt wird nun des Astes Eichel.
Die Knospen tasten, welch zärtlich Pracht;
Habe sie nun zum Wachsen gebracht.

Der Apfel drüben, verbotene Frucht;
Das Saugen des Saftes wird schnell zur Sucht.
Im Dickicht allein, man kann spazieren;
Doch ein Mädel dabei, es wird passieren.

Dolistraße

Die Straße kurz, der Weg ist lang;
Die Mädchen rufen mit Gesang.
Ich schau zu Ihr und auch zu Ihr;
Bin scheinbar auch beliebt nun hier.

Die Gasse kalt;
Der Anfang alt.
Das Ende jung;
Der Ruf nun stumm.

Ich gehe nun auf und ab entlang;
Im gar sehr schlenderlichen Gang.
Ich langsam friere, der Frau ist warm;
Der Körper doch ganz kleiderarm.

Ein Blick mich trifft mit Angebot;
Bei manchem Laut werde ich rot.
Vom Ganges Trott nun abgewichen;
Doch später auch davon geschlichen.

Tagtraum

So blondes Haar und blass die Haut;
Die Schönheit im Lächeln, Sie zu mir schaut.
Perfekt der Po und auch die Brust;
Sie lässt mein Blut erbeben vor Lust.

Sie ist so lieb und lächelt nett;
Doch recht mir wär´s in meinem Bett.
So zarte Haut, ich will sie spüren;
Gar mit bedacht, will Sie verführen.

Die Lippen rot, sind sicher weich;
Sie mich verführt im Gedankenreich.
Der zarte Kuss käme mir gelegen;
Doch der Kontakt nicht leicht zu pflegen.

Fastfood

Zwei Damen Sie stehen hinter den Tresen;
Sind hübsch und schüchtern in ihren Wesen.
Sie schauen mich an und denken das Gleiche;
Ich bin standhaft doch trotzdem erweiche.

Die Kleidung so eng, die Brüste so prall;
Will sie bald spüren überall.
Sie lächeln mir zu und fassen sich an;
Die Brüste sie geben mir großes Verlangen.

Sie küssen sich wild mit sehr viel Zunge;
Ich spüre ein Kribbeln in Herz und Lunge.
Sie gehen auf mich zu und flüstern leise;
Doch vorbei ist nun die Gedankenreise.

Bestellung ist fertig und alles geträumt;
Nun, trotzdem haben Sie es versäumt.
Zu dritt mit zwei Studentinnen;
Kann man sich im Libido besinnen.

Plüsch

Gar weich und zart auf meiner Haut;
Spielen zusammen, werden laut.
Fassen uns an, ganz mit bedacht;
Hab dir ein Plüschtier mitgebracht.

Das Plüschtier ist gar mannesgroß;
Wenn Du nun schaust in seinen Schoß.
Fühlst durch den Stoff ganz groß und hart;
Doch trotzdem weich und kuschelig zart.

Das Gefühl gefällt uns sehr gut;
Doch mancher hat dafür kein Mut.
Es zu probieren und zu testen;
Die Plüscherotik geht am besten.

Krankenschwester

Sie steht vor mir und macht mich nackt;
Vollführt in Latex einen Akt.
Sie tastet mich ab und führt auch ein;
Die gründliche Untersuchung muss schon sein.

Sie findet stellen, ist Ihr Begehr;
Und nutzt es aus und foltert mich sehr.
Sie wird so feucht und so verlangend;
Und ich stehe da um Sperma bangend.

Sie melkt mich leer in ihrem Mund;
Schließlich ist das ziemlich gesund.
Sie küsst mich wild, reitet das Glied;
Ich weiß gar nicht wie mir geschieht.

Sie knebeln mich auch und testet aus;
Wobei kommt wohl das meiste raus?
Sextherapie ist dies zu benennen;
Bei Krankenschwestern kann man nicht rennen.

Sploshing

Ihr Körper nackt und sauber gar;
Bleib so nicht lang, es wird gleich wahr.
Sie mag es klebrig, dreckig, nass;
Woanders nennt man Sploshing das.

Sie mag es glitschig und auch schleimig;
Ich glaube schon wir sind uns einig.
So hübsch Dein zartes Angesicht;
Doch etwas Dreck schadet schon nicht.

Doch nicht nur Dreck, man kann es naschen;
Und manchmal auch leicht abzuwaschen.
Man sagt mit Essen spielt man nicht;
Und schon hat Sie es im Gesicht.

Beliebt ist es im Englischen Raum;
Man sollte hier nicht schlecht erstaunen.
Nach außen ordentlich und spießig;
Bei Sex wird es sehr dreckig schließlich.

Die Rede ist von Sahne und Torten;
Auch Pudding benutzt man viele Sorten.
Das Schlammbad hingegen zählt auch dazu;
Ich bin mir sicher, versuchen wirst Du´s!

Triebe

Ich will deine Brüste lecken,
Mein Geschlecht dazwischen stecken.
Auch abspritzen, es tut mir gut!
Auf deinen Nippeln heiße Glut.

Ich setze mich auf dein Gesicht,
Und mache deine Lippen dicht.
Du mich umschlingst ganz unbeschreiblich,
Die Zunge mich reibt mit Gleitschicht.

Jetzt will ich dich von hinten nehmen,
das Antlitz vorn will ich nicht sehen.
An der Leine ich nun trecke,
Und den Penis ich verstecke.

Harte Schläge auf das Gebein,
Macht es geil, das laute Schrein!
Ich kratze dir den Rücken auf,
Ein Rinnsal nun im steten Lauf.

Beißen, kratzen, transpirieren,
Wir werden zu wilden Tieren.
Schneller, fester, nimm mich hart ran.
Ein leichtes mir, ich es gut kann.

Kamasutra

Liebe Frau, darf ich Sie warnen?
Mein zweites Ich kann Sich gut tarnen!
Ist gar verrucht vor dunklen Trieben,
Meinen Sie das kann man Lieben?

Ich mag sehr gern, das sei bewusst,
Die große Abenteuerlust.
Das Kamasutra, rauf und runter,
Da werden Lebenslüste munter.

Langsam und schnell, ich transpiriere,
Ich dir mein nacktes Fleisch serviere.
Welch Hingabe aus den Gelüsten,
Wir uns nun wild und zärtlich küssen.

Etwas ausgefallen darf es schon sein,
Drum führe ich dir auch Spielzeug ein.
Mal groß, mal klein, es darf Vibrieren,
Lass uns gegenseitig masturbieren!

Polygamie

Du liebst Sie, denn Sie liebt dich nicht;
Ein Liebesgeständnis Sie nie spricht.
Sie will nur testen, nur erkunden,
Und zieht so fleißig Ihre Runden.

Die Perfektion Sie sich nun baut,
Aus vielen Männern, Sie trotzdem schaut,
Bis Sie gefunden die Ergänzung,
Ihrer stillen Gefühlsbegrenzung.

Sexvergnügen bei Kerzenschein,
Das Glück gilt nicht nur ihm allein.
Romantik will Sie trotzdem haben,
„Nur von wem?", Wirst du dich fragen.

Sie nimmt dich so zärtlich bei der Hand,
Ihre Blicke töten den Verstand.
Du glaubst schon fast es wäre Liebe;
Doch es sind nur wilde Triebe.

Was Du nicht wirst Ihr geben können,
Wird Ihr bald ein anderer gönnen.
Patchworkbeziehung nennt man das;
Die Männer stets im Gegenhass.

Jeder will Sie für sich allein;
Nachbarn Sie nur hören schreien.
Zu fantastisch ist dieser Sex,
Womit Sie dein Herz schwer verhext.

Romantik und Zärtlichkeit kann Sie trotzdem geben,
Scheint nun in zweisame Beziehung zu streben.
So geht das Vergnügen auf Dauer nur schief!
Mein Kopf sagt zum Herz: „Sei nicht so naiv!".

Doch schon fällt das Wort aus Ihrem Mund!
Sie auch nun erklärt den tückischen Grund.
Polygamie, wie schön das Wort klingt!
Doch das Gefühl mit Erfahrung nun ringt.

Klavier

Sie sitzt am Klavier,

Und spielt nun hier,

Eine bekannte Melodie,

Auf dessen Name ich komme nie.

Sitzt da konzentriert,

Vom Rhythmus infiziert.

Die Finger so sanft die Tasten berühren,

Als würde ich zärtlich am Körper sie spüren.

Die Noten, sie dringen ganz tief in mein Ohr,

Der Klang bringt gar benommenes Kribbeln hervor.

Ich stehe bei Ihr,

Ganz dicht am Klavier.

Sie lässt klingen den letzten Akkord;

Die Konzentration zur Musik ist nun fort.

Konzert

Kleines Rockergirl in der Band,
Sich nicht von meinem Blicke trennt.
Doch ich habe nichts gutes im Sinn,
Die Gedanken zu schweifen beginnen.

Schlagzeug ertönt, die Gitarren klingen,
Das Mädchen beginnt zu singen.
Mein Lieblingslied ertönt zu Ohren,
Die Lippen den Schoß Treue schworen.

Sie sieht mich an, ich leicht verlegen,
Schmutzige Blicke auf beiden Wegen.
Nun springt sie auf und ab zum Takt,
Die Brust bewegt als wäre sie nackt!

Tanzend zum Lied sie die Figur streichelt,
Ach wie Hotpants und Top ihr schmeichelt.
Ihr Blick erneut schon schweift zu mir,
Auf dem Konzert, kaum Leute hier.

Sie singt von missbrauchen und missbraucht werden,
Als würde sie auch meinen Körper begehren.
Ist mir so nah und doch so fern.
Will sie bei mir, ganz dicht so gern.

Das Konzert vorbei, ich applaudiere;
Steht dort allein, ich hin flaniere.
Nun treffen sich des Bettes Blicke;
Ich sie leider nur im Geist beglücke.

Dreier

Erst hast Du Eine;
Dann hast Du Zwei;
Dann seit ihr Drei;
Und schon vorbei.

Autobiografie

Ich wurde am 25. Dezember 1998 in der Stadt Nordhausen am Harz geboren.

In den Jahren 2005 bis 2015 ging ich in die Regelschule „Am Förstemannweg", bei der ich meinen Realschulabschluss absolvierte.

Während meiner Schulzeit begeisterte mich außerdem die Schauspielerei und ich trat somit einer Theatergruppe des Stadttheaters Nordhausen bei, in der ich einige interessante Rollen besetzte. Außerdem führte ich bei dem ersten Akt des Theaterstückes „Peer Gynt" Regie.

Von 2015 bis 2018 erlernte ich den Beruf des Destillateurs, wofür ich im „Fritz-Henßler-Berufsschulkolleg der Stadt Dortmund" zur Schule ging. Seit 2018 arbeite ich in dem genannten Beruf.

Mein Interessenfeld war schon immer breit gefächert und somit verfüge ich auch über verschiedene besondere Hobbys. Dazu gehören beispielsweise schreiben von lyrischen Texten, musizieren sowie die analoge Fotografie.

Schon als Kind interessierte ich mich sehr für die traditionelle Lyrik. und eines meiner absoluten Favoriten war zu dieser Zeit die Geschichte „Max und Moritz" von Wilhelm Busch.

Schon mit 2 Jahren konnte ich diese sicher und auswendig vortragen.

Während der Jahre beeindruckten mich weiterhin Werke von Wilhelm Busch, aber auch von anderen Autoren, was mich dazu inspirierte selbst Gedichte verschiedenen Inhaltes zu verfassen.

Eines meiner Vorbilder, aus der heutigen Zeit, ist der Lyriker Till Lindemann, da dieser ein besonderes Talent besitzt, provokante sowie gesellschaftskritische Themen direkt, aber auch unterschwellig, in der Lyrik zu verpacken.

Für meine Werke wiederum, wählte ich das Pseudonym „Felix von Saar". Ich wählte diesen Namen aus, da ich somit eine Anspielung auf zwei Dinge mache.

Zum einen auf meine Familiengeschichte, da unser Stammbaum sehr weit zurück reicht. Wenn man diesen aufmerksam verfolgt, fällt auf, dass wir zu früheren Zeiten einmal den Adelstitel „von" besaßen.

Zum anderen mache ich so auch auf einen anderen großen Dichter und Schriftsteller aufmerksam. Hierbei meine ich „Ferdinand von Saar", welcher es verstand, schwermütige und tiefsinnige Gedichte zu verfassen. Diese dienen mir somit außerdem als Inspiration.

Im Jahr 2021 nahm ich erstmals mit einigen ausgewählten Gedichten an einem Wettbewerb teil. Dafür wählte ich eine Veranstaltung der Frankfurter Buchmesse namens: „Frankfurt Young Storys". Dabei hatte ich guten Erfolg, da meine Gedichte unter den Favoriten der Vorjury waren. Somit schafften sie es zur finalen Auswahl für eine Anthologie. Dies motivierte mich dazu mein erstes Buch „Gedichte" zusammen zu stellen.

Im Jahr 2022 wurde zudem erneut ein Werk für eine Anthologie namens „Frankfurter Bibliothek" ausgewählt. Die „Frankfurter Bibliothek" gehört zu den am meisten verbreiteten Lyrikveröffentlichungen der letzten Jahrzehnte. Sie wird weltweit in den bedeutendsten Bibliotheken eingestellt. Einige Beispiele hierfür sind: die Wiener Staatsbibliothek, die Schweizer Nationalbibliothek, die Französische Nationalbibliothek sowie die National Library of Congress in Washington.

Bildnachweis

Alle Bilder sind lizenzfrei und kommerziell nutzbar.
Sie stammen alle von folgender Website:
https://pixabay.com/de/

Danke an folgende Künstler:

- pexels
- horacioarg
- karen_nadine
- sarahrichterart
- victoria_watercolor
- peter89ba
- 11533283